AF357031

LE CIEL

ET

L'ENFER,

Drame-Vaudeville fantastique en 11 tableaux,

DE M. DANIEL.

—

1er TABLEAU.

La Fête Bretonne et les deux Génies.

Dans un antique manoir de la Bretagne, la famille de Montbrun vit heureuse de sa tranquillité patriarchale et estimée de ses vassaux qu'elle sait rendre heureux. Le chef de cette famille, le sire de Montbrun, va marier son fils Léonard à sa pupille Marie. Bibelot, son jardinier en chef, va s'unir à sa cousine Rainette. Il n'est pas jusqu'au vieux majordome Gripaillon qui ne supporte patiemment les prodigalités de sa vieille moitié, qui dépense jusqu'à trois écus de pain d'épices par quinzaine; lorsque tout-à-coup cette heureuse paix fait bientôt place à la jalousie, à la défiance, à la cupidité et à tous les maux que recelait jadis la boîte de Pandore. Quel monstre odieux, quel hydre horrible, quelle affreuse furie est venu secouer sa couronne de vipères dans cet honnête et bon manoir! — Ce monstre, cet hydre, cette furie, regardez, chacun l'accueille avec un sourire; écoutez ses chants, et bientôt vous serez, comme tout le monde, entraîné, fasciné, amoureux fou de la syrène, qui, sous les traits de Giletta la Bohémienne, opère tous ces miracles dans la Bretagne. Or, sachez que Giletta cache sous la fraîche enveloppe de son corps une âme damnée. Dans ses yeux enchanteurs pétille le feu de l'enfer; sous ses ongles rosés se cachent de longues griffes, et en vain la Bohémienne veut-elle faire patte de velours, on sent parfois ses ongles, et les caressés de ses lèvres finissent toujours par des morsures. Giletta est la fille de Satan, envoyée avec un joli visage de femme sur terre, afin de faire mieux se damner les hommes. O malheureux sexe masculin! défie-toi des nombreuses Giletta qui te guettent au passage! O spectateur qui me lis, défie-toi bien de ta voisine, c'est peut-être une Giletta! A côté du mauvais principe brille le bon principe dans sa pureté immaculée; le bon principe, c'est Angelo qui protége la pauvre Marie contre les piéges de la fille de l'enfer.

Nous l'avons dit, la Bohémienne a paru, et dés-lors le sire de Montbrun devient féroce; son fils, au lieu de courtiser Marie, court sans cesse après Giletta; Bibelot, oubliant ses poireaux, ses navets, ses carottes et sa fiancée, soupire à en crever des sacs de papier pour la nouvelle arrivée. Gripaillon s'insurge contre les dépenses de pain d'épices que fait sa femme. Marie seule semble oubliée par le malheur; mais la rusée diablesse lui fait voir un jeune ménestrel, et à peine celui-ci a-t-il roucoulé, que les deux jeunes gens tombent subitement amoureux fous l'un de l'autre.

2ᵐᵉ TABLEAU.

Le diable s'en mêle.

Oui, le diable s'en mêle, car Raymond, notre ménestrel, s'introduit hardiment dans le château, et là, il apprend de Marie que s'il aime, du moins il est aimé. Le papa Montbrun, qui comprend que si sa pupille épouse un autre homme que son fils, il sera obligé de rendre des comptes de tutelle fort embrouillés, préfère aller au plus court moyen, celui de se débarrasser du jeune chanteur. Pour cela, il offre mille écus à Gripaillon, s'il parvient à le faire arrêter mort ou vif. Le majordome se met donc à l'affût ; mais lorsqu'il croit mettre la main sur le damoiseau, il disparaît entre ses doigts comme une anguille, et cela grâce au petit Angelo, qui, quoique un ange, est malin comme un diable. Ce bon génie, voyant Gripaillon suffoqué, fait un petit geste, et la vaste galerie disparaît pour faire place à un beau parc, où du moins le majordome pourra respirer à l'aise.

3ᵐᵉ TABLEAU.

Ils perdent la tête.

C'est Giletta qui la leur fait tourner à tous, afin de les pousser de plus en plus dans la voie criminelle où elle veut les engager, et il n'est pas jusqu'à l'innocent jardinier qui ne soit sur le point de tirer un coup de fusil sur le pauvre Raymond, lorsque, grâce au bon génie, le mousquet se change en parapluie et enlève dans les airs ce malencontreux Bibelot.

4me TABLEAU.

La rencontre dans les airs.

Raymond a été saisi et incarcéré dans une tour; grâce à Angelo, Marie a pénétré près du prisonnier. Montbrun vient avec ses satellites pour l'expédier dans un monde meilleur. Mais qui compte sur sa tour compte deux fois, car elle se transforme en navire, qui fait feu de toutes ses batteries sur les soldats de Montbrun. Gripaillon, électrisé par l'odeur de la poudre, braque un canon en personne, lorsque ce canon renonçant à sa gravité pesante, se met à voltiger dans les airs en enlevant le Gripaillon, qui rencontre non loin de la lune Bibelot et son parapluie. Ces deux grandes infortunes volantes se saluent avec respect.

5me TABLEAU.

Une femme mise à la raison par un homme qui perd la sienne.

Toute chose a sa fin; donc nos voyageurs aériens s'abattent sur certaine mâsure, l'un avec son parapluie, l'autre sans son canon qu'il laisse à la porte. Là, le pauvre Gripaillon ne trouve rien de mieux à faire pour dissiper sa mauvaise humeur, que de la laisser se fondre en une grêle de coups de bâton, qui pleut sur la vieille échine de sa moitié.

6me TABLEAU.

Encore la fille du démon!

Elle est toujours là, cette fille de l'enfer, excitant Raymond contre Léonard et Léonard contre Raymond. « S'ils pouvaient se tuer tous les deux, se dit-elle, ce serait deux âmes damnées au lieu d'une. » Les deux jeunes hommes, poussés par elle, prennent rendez-vous pour se battre.

7ᵐᵉ TABLEAU.

Un rendez-vous diabolique où tout le monde ira.

C'est dans un cimetière où Satan a convoqué le ban et l'arrière-ban de ses démons que Raymond et Léonard mettent l'épée à la main. Celui-ci, quoique blessé deux fois, veut se battre encore, lorsque l'arrivée du sire de Montbrun, qui cherche son fils, met fin au combat; et grâce à l'obscurité de la nuit, Raymond retourne au château pour revoir sa Marie.

8ᵐᵉ TABLEAU.

Deux victimes.

Montbrun l'y a suivi, et bientôt il tombe percé de coups de poignard auprès de Marie, expirant de désespoir.

9ᵐᵉ TABLEAU.

Chute et Triomphe.

Alors l'Enfer et le Ciel, représentés par Giletta et Angelo, viennent chacun demander leur part. Les feux rouges de l'enfer attendent les coupables, les douces clartés du ciel caressent les victimes.

10ᵐᵉ TABLEAU.

L'Enfer, ou ils sont dedans.

Montbrun, Gripaillon et tous les criminels, sont saisis par des démons qui hurlent de joie en les torturant.

11ᵐᵉ TABLEAU.

Le Ciel et l'Enfer.

Tout-à-coup au-dessus de l'enfer, on voit des tourbillons nuageux s'élever, et bientôt, au sein d'un palais aérien qu'un double soleil illumine de ses reflets éclatants, on voit le Ménestrel et Marie unis par le bon génie Angelo. Alors les nuages s'approchent doucement jusqu'aux avant-scènes, et le ciel semble écraser l'enfer. Les chants des anges couvrent les hurlements des démons.

FIN.

COUPLETS CHANTÉS

DANS

L'Héritage de notre Oncle

Vaudeville en un acte,

de M. LUBIZE,

Représenté à la Gaîté, le 28 décembre 1845.

THIROUX.

AIR: *Vaudeville de l'Ours et le Pacha.*

Ici vous rediriez, je croi.
Monsieur, comment je fais ma place ;
Des frais qui dépendaient de moi,
Jamais je ne vous ai fait grâce !
Je dois le dire, à mon honneur,
J'ai l'estime des gens honnêtes ;

CHARLES.

Nul ne s'entend mieux que vous faites
A ruiner un débiteur
Pour l'aider à payer ses dettes.

CÉSAR.

AIR *du Ballet des Pierrots.*

Faut-il que cela t'embarrasse,
Quoi ! parce que nous n'avons rien,
Abandonnerons-nous la place,
C'est là notre dernier moyen !

Quelques obstacles qu'on m'oppose,
Moi, je prétends les surmonter...
N'avoir rien c'est la moindre chose,
Il faut savoir le présenter.

CÉSAR.

AIR : *Vos maris en palestine.*

Inspiré par mon génie,
Pour éviter le danger,
Je les ai, dans l'écurie,
Mis sans boire ni manger,
Qu'ils tâchent de s'arranger !
Avec eux quoi qu'on leur donne,
Du moins nous ne risquons rien,
J en suis sûr, nous ne risquons rien ;
Ils n'iront dire à personne
S'ils ne se trouvent pas bien.

CÉSAR.

AIR *du baiser au porteur.*

Aux miracles longtemps rebelle,
J'y crois enfin, mon esprit s'est ouvert.
Puisque pour nous le ciel les renouvelle,
Et sa bonté divinement nous sert,
Autres habitants du désert.
Pour gagner la terre promise,
Le doux hymen par Charles projeté,
Nous recevons ici, comme Moïse,
La manne en forme de pâté.

CÉSAR.

En tonneau, quand ce vin voyage,
Il gagne beaucoup, c'est très vrai,

RICHARD.

Sur quelques brocs pour mon usage,
Moi, je veux en faire l'essai.

HENRI.

En tonneaux, oui, c'est à merveille,
Car presque toujours il acquiert...
Mais quand il voyage en bouteille,
Croyez-moi, souvent il se perd.

AIR *des Gueux.*

CHOEUR.

L'antiquité
A son bon côté,
Messieurs, entre nous,
Qu'en pensez-vous ?

CÉSAR.

Tel prend femme et n'considère
Que ses dix–huit ans tout sec !
Pour épous' moi je préfère
Un' vieille et quelqu' chose avec ?

L'antiquité, etc.

THIROUX.

Jadis pour des locataires,
On bâtissait des maisons...
Bientôt c'sont des locataires,
Qu'on bâtira pour les maisons !

L'antiquité, etc.

EMMA.

Tous les homm's vont, c'est infâme !
Fumer à l'estaminet,
Ce n'était qu' près de sa femme,
Qu' jadis un mari fumait?

L'antiquité, etc.

CHARLES.

Dans les journaux, on peut l' dire,
Que d' canard... pas au navet...
Maintenant il faut les lire,
Autrefois on les mangeait !

    L'antiquité, etc.

Mme SAINT-CLAIR.

Manquons-nous d' taill', de tournure,
Notr' couturièr' nous en f'ra ;
Jadis c'était la nature
Qui nous fournissait tout ça ?

    L'antiquité, etc.

HENRI.

Jadis pour un bel ouvrage,
On se ferait applaudir ,
Aux deux éléphans, j'enrage,
Faut êtr' bêt' pour réussir!

    L'antiquité, etc.

RICHARD.

Savez-vous c' que je préfère.
Pour aller jusqu'à St-Cloud ?
Du ch'min d' fer ou d' la rivière,
Eh bien, c'est... c'est un coucou !

    L'antiquité, etc.

CÉSAR.

Pour mon compt', je n'aime guère
Ces journaux d'un mètre, au moins,
Quoiqu'on les dise nécessaires
A tous nos nouveaux besoins.

    L'antiquité, etc.

RICHARD,

(*Parle.*) Je ne sais pas si vous avez remarqué, comme
moi, que les *Trois Mousquetaires*... qui sont quatre,
ressemblent terriblement aux quatre z'officiers de M. de
Malbrough... cette célèbre antiquité..... en effet :

Porthos porte un bœuf, quelle adresse !
Pour Athos, il s' porte bien ;
Dartagnan port' toute la pièce,
Aramis ne porte rien...

L'antiquité, etc.

CHARLES.

Lorsque mon tailleur me somme
De lui payer mes habits,
J' pens' tout d' suite, du premier homme,
Au costume... et je me dis :

L'antiquité, etc.

THIROUX.

L' Pharmacien, homme sévère,
Ne s' dérang' plus maintenant ;
Autrefois l'apothicaire
Etait bien plus complaisant !

L'antiquité, etc.

HENRI. *au public.*

Parmi vous si quelqu'un trouve
La pièce vieille et qu'enfin,
Elle amus', messieurs, ça prouve
La vérité d' not' refrain :

L'antiquité
A son bon côté,
Messieurs, entre nous,
Qu'en pensez-vous ?

FIN.

Imp. de pollet et Cie, rue St-Denis, 380.